LA PART

DE LA FAMILLE

ET DE L'ÉTAT

DANS L'ÉDUCATION

CLICHY. — Impr. Maurice LOIGNON et Cie, rue du Bac-d'Asnières, 12.

LA PART DE LA FAMILLE ET DE L'ÉTAT DANS L'ÉDUCATION

PAR

ERNEST RENAN

MEMBRE DE L'INSTITUT

PARIS

MICHEL LÉVY FRÈRES, ÉDITEURS

RUE VIVIENNE, 2 BIS, ET BOULEVARD DES ITALIENS, 15

A LA LIBRAIRIE NOUVELLE

1869

LA PART DE LA FAMILLE

ET DE L'ÉTAT

DANS L'ÉDUCATION

Mesdames, Messieurs,

Vous venez d'entendre de nobles, d'excellentes paroles, et dites avec une haute autorité. J'y adhère complétement. Je pense, comme notre digne et illustre président [1], que la question de l'éducation est pour les sociétés modernes une question de vie ou de mort, une question d'où dépend l'avenir. Notre parti, messieurs, est bien pris à cet égard. Nous ne reculerons jamais devant ce principe philosophique, que tout homme a droit à la lumière. Nous avons confiance que la lumière est bienfaisante, que si elle a parfois des dangers, elle seule peut offrir le remède à ces dangers. Que les personnes qui ne croient pas à la réalité du devoir, qui regardent la morale comme une illusion, prêchent la

[1] M. Carnot, député au Corps législatif.

thèse désolante de l'abrutissement nécessaire d'une partie de l'espèce humaine, rien de mieux; mais, pour nous qui croyons que la morale est vraie d'une manière absolue, une telle doctrine nous est interdite. A tout prix, et quoi qu'il arrive, *que plus de lumière se fasse!* Voilà notre devise; nous ne l'abandonnerons jamais.

Beaucoup d'esprits, et parfois de bons esprits, ont des scrupules, je le sais. Ils s'effrayent du progrès qui porte de nos jours la conscience dans des portions de l'humanité qui jusqu'à présent y étaient restées fermées. « Il y a, disent-ils, dans le travail humain, des fonctions humbles auxquelles l'homme instruit et cultivé ne consentira jamais à se plier. Le réveil de la conscience est toujours plus ou moins accompagné de révolte; la diffusion de l'instruction rendra tout à fait impossibles l'ordre, la hiérarchie, l'acceptation de l'autorité, sans lesquels l'humanité n'a pas pu vivre jusqu'ici. » C'est là, messieurs, un raisonnement très-mauvais, j'ose même dire très-impie. C'est la raison dont on s'est servi, durant des siècles, pour maintenir l'esclavage. « Le monde, disait-on, a des besognes infimes dont jamais un homme libre ne se chargera; l'esclavage est donc nécessaire. » L'esclavage a disparu, et le monde n'a pas croulé pour cela. L'ignorance disparaîtra, et le monde ne croulera pas. Le raisonnement que je combats part d'une doctrine basse et fausse : c'est que l'instruction ne sert que pour l'usage pratique qu'on en fait; si bien que celui qui par sa position sociale n'a pas à faire valoir sa culture d'esprit, n'a pas besoin de cette culture. La littérature, dans cette manière de voir, ne sert qu'à l'homme de lettres, la science qu'au savant; les bonnes manières, la distinction ne servent qu'à l'homme du monde. Le pauvre doit être ignorant, car l'éducation et le savoir lui seraient inutiles. Blasphème, messieurs! La culture de l'esprit, la culture de l'âme sont des devoirs pour tout homme. Ce ne sont pas de simples ornements, ce sont des choses sacrées comme la religion. Si la culture de l'esprit n'était qu'une chose frivole, « la moins vaine des vanités », comme disait Bossuet, on pourrait soutenir qu'elle n'est pas faite pour tous, de même que le luxe n'est pas fait pour tous. Mais, si la culture de l'esprit est la chose sainte par excellence, nul n'en doit être exclu. On n'a jamais osé dire, au moins dans un pays chrétien, que la religion soit une chose réservée pour quelques-uns, que l'homme humble et pauvre doive être chassé de l'église. Eh bien, messieurs, l'instruction, la culture de l'âme, c'est notre religion. Nous n'avons le droit d'en chasser personne. Condamner un homme *a priori* à ne pas recevoir l'instruction, c'est déclarer qu'il n'a pas d'âme, qu'il n'est pas fils de Dieu et de la lumière. Voilà l'impiété par excellence. Je me joins à l'honorable M. Carnot pour lui déclarer une guerre à mort.

La question spéciale que j'ai à discuter devant vous, messieurs, est une des plus difficiles de toutes celles qui sont relatives à cette délicate matière de l'instruction publique. J'entreprends de discuter les droits réciproques de la famille et de l'État dans l'éducation de l'enfant. Ce problème a donné lieu aux solutions les plus opposées. Il tient aux principes les plus profonds de la théorie de la société, principes pour lesquels je dois réclamer tout d'abord votre plus sérieuse attention.

Sauf des cas extrêmement rares, l'homme, messieurs, naît en société, c'est-à-dire que tout d'abord, et sans qu'il l'ait choisi, l'homme fait partie de groupes dont il est membre-né. La famille, la commune ou la cité, le canton, le département ou la province, l'État, l'Église ou l'association religieuse quelle qu'elle soit, voilà des groupes que j'appellerai naturels, en ce sens que chacun de nous y appartient en naissant, participe à leurs bienfaits et à leurs charges. Établir un juste équilibre entre les droits opposés de ces groupes divers est le grand problème des choses humaines. Nulle part cette tâche n'est plus difficile que quand il s'agit d'éducation. Dans toutes les autres parties du gouvernement civil, le sujet, le membre de l'État est considéré comme majeur, libre, responsable, capable de raisonner et discerner. Quand il s'agit d'éducation, au contraire, le sujet, qui est l'enfant, est en tutelle, incapable de décision propre. Le choix de son éducateur, choix dans lequel il n'est pour rien, décidera de sa vie. Sa vie, en d'autres termes, différera totalement, selon que son père, sa mère, sa ville natale, l'État dont il fait partie, l'Église où le sort l'a fait naître régleront son éducation. L'expérience en pareille matière se fait sur le vif, sur des âmes, et sur des âmes mineures, si j'ose le dire, pour lesquelles la loi est obligée de prendre un parti décisif.

L'homme, en effet, messieurs, est un être essentiellement éducable. Le don que chacun de nous apporte en naissant n'est presque rien si la société ne vient le développer et en diriger l'emploi. L'animal aussi est susceptible, dans une certaine mesure, d'élargir ses aptitudes par l'éducation ; mais cela est peu de chose, et, en tout cas, l'humanité a seule, comme l'a dit Herder, la possibilité de capitaliser ses découvertes, d'ajouter de nouvelles acquisitions à ses acquisitions plus anciennes, si bien que chacun de nous est l'héritier d'une somme immense de dévouements, de sacrifices, d'expériences, de réflexions, qui constitue notre patrimoine, fait notre lien avec le passé et avec l'avenir. Il n'y a pas de philosophie plus superficielle que celle qui, prenant l'homme comme un être égoïste et viager, prétend l'expliquer et lui tracer ses devoirs en dehors de la société dont il est une partie. Autant vaut considérer l'abeille abstraction faite de la ruche, et dire qu'à elle seule l'abeille construit son alvéole. L'humanité est un ensemble dont toutes les parties sont solidaires les unes pour les autres. Nous avons tous des ancêtres. Tel ami de la vérité qui a souffert pour elle il y a des siècles, nous a conquis le droit de conduire librement notre pensée; c'est à une longue série de générations honnêtes et obscures que nous devons une patrie, une existence civile et libre. Ce trésor de raison et de science, toujours grandissant, que nous avons reçu du passé et que nous léguons à l'avenir, c'est l'éducation, messieurs, l'éducation à tous ses degrés, qui nous en met en possession. Ce trésor appartient à la société qui le dispense. Sous quelle forme, par quelles mains, avec quelles garanties cette dispensation doit-elle se faire ?

Un principe sur lequel tous les bons esprits de nos jours paraissent d'accord, est de n'attribuer à la société, je veux dire à la commune, à la province, à l'État, que ce que les individus isolés ou associés librement ne peuvent faire. Le progrès social consistera justement dans l'avenir à transporter une foule de choses de la catégorie des choses d'État à la catégorie des choses libres, abandonnées à l'initiative privée. La religion, par exemple, était autrefois une chose d'État ; elle ne l'est plus et tend de plus en plus à devenir une chose tout à fait libre. Concevons-nous une société où l'instruction publique pourrait de même être considérée comme une chose libre, ne regardant que l'individu et la famille ; une société où il n'y aurait aucune administration de l'instruction publique, où l'État et la commune ne s'occuperaient pas plus de l'école à laquelle le père conduit son fils que de la maison où il le fournit de vêtements ; une société où chacun choisirait un professeur, un médecin, selon l'opinion qu'il a de sa capacité, et sans s'inquiéter s'il est diplômé par l'État ? Oui, sans doute, une telle société se conçoit ; le jour où une pareille absence de législation serait possible, un immense progrès intellectuel et moral aurait été accompli ; mais ce jour est fort éloigné. Pas un seul pays au monde, la libre Amérique moins qu'aucun autre, ne regarde comme possible d'abandonner purement et simplement à la sollicitude des particuliers le soin de l'instruction publique. Il est indubitable que l'application d'un tel système aurait, à l'heure qu'il est, pour conséquence de réduire déplorablement le nombre de ceux qui participent à l'instruction et d'en abaisser misérablement le niveau. Nous ne discuterons donc pas, messieurs, une utopie qui deviendra peut-être un jour une réalité, l'utopie d'une instruction absolument libre, je veux dire dont ni l'État, ni le canton, ni le département, ni la commune ne s'occuperaient, ni pour la subventionner, ni pour la surveiller. Nous rechercherons comment, dans l'état actuel de nos sociétés, il est possible, en pareille matière, de concilier l'intérêt de l'État avec les droits sacrés de la famille et de l'individu.

Plus nous remontons dans le passé, messieurs, plus nous trouvons les droits de l'État sur l'éducation de l'enfant affirmés hautement et même exagérés. Dans ces petites et charmantes sociétés grecques qui sont pour nous à l'horizon de l'histoire comme un idéal, l'éducation, de même que la religion, était absolument une chose d'État. L'éducation était réglée dans ses moindres détails ; tous se livraient aux mêmes exercices du corps, tous apprenaient les mêmes chants, tous participaient aux mêmes cérémonies religieuses et traversaient les mêmes initiations. Y changer quelque chose était un crime puni de mort; « corrompre la jeunesse », c'est-à-dire la détourner de l'éducation d'État, était un crime capital (témoin Socrate). Et ce régime, qui nous paraîtrait insupportable, était charmant alors; car le monde était jeune et la cité donnait tant de vie et de joie, qu'on lui pardonnait toutes les injustices, toutes les tyrannies. Un beau bas-relief trouvé à Athènes par M. Beulé, au pied de l'Acropole, nous montre une danse militaire d'éphèbes, une pyrrhique; ils sont là, l'épée à la main, faisant l'exercice avec une unité et à la fois une individualité qui étonnent; une muse préside à leurs exercices et les dirige. On sent dans tout cela une unité de vie dont nous n'avons plus d'idée. Cela est tout simple. La cité antique, messieurs, était en réalité une famille; tous y étaient du même sang. Les luttes qui chez nous divisent la famille, l'Église, l'État, n'existaient pas alors.

Nos thèses sur la séparation de l'Église et de l'État, sur les écoles libres et les écoles d'État, n'avaient alors aucun sens. La cité était à la fois la famille, l'Église et l'État.

Une telle organisation, je le répète, n'était possible que dans de très-petites républiques, fondées sur la noblesse de race. Dans de grands États, une pareille maîtrise exercée sur les choses de l'âme eût été une insupportable tyrannie. Entendons-nous sur ce qui constituait la liberté dans ces vieilles cités grecques. La liberté, c'était l'indépendance de la cité, mais ce n'était nullement l'indépendance de l'individu, le droit de l'individu de se développer à sa guise, en dehors de l'esprit de la cité. L'individu qui voulait se développer de la sorte s'expatriait; il allait coloniser, ou bien il allait chercher un asile dans quelque grand État, dans un royaume où le principe de la culture intellectuelle et morale n'était pas si étroit. On était probablement plus libre, dans le sens moderne, en Perse qu'à Sparte, et ce fut justement ce que cette vieille discipline avait de tyrannique qui fit verser le monde du côté des grands empires, tels que l'empire romain, où des gens de toute provenance se trouvaient confondus sans distinction de race et de sang.

L'empire romain, messieurs, négligea tristement l'instruction publique, et certainement ce fut là une des causes de sa faiblesse. Je suis persuadé que, si les trois empereurs qui se succédèrent de Nerva à Marc-Aurèle, avaient porté d'une manière plus suivie leur attention de ce côté, la prompte décadence de cette grande machine eût été évitée. Le christianisme fit ce que l'empire n'avait pas su faire. A travers mille persécutions, malgré des lois vexatoires et toutes faites pour empêcher les associations privées des citoyens, le christianisme ouvrit l'ère des grands efforts libres, des grandes associations en dehors de l'État. Il prit l'homme plus profondément qu'on ne l'avait pris jusque-là. L'Église fit revivre en un sens la cité grecque, et créa, au milieu du froid glacial d'une société égoïste, un petit monde où l'homme trouva des motifs de bien faire et des raisons d'aimer. A partir du triomphe du christianisme au IVe siècle, l'État et la cité abdiquent à peu près complétement tout droit sur l'éducation, l'Église en est seule chargée ; et voyez, messieurs, combien il est dangereux de suivre dans les choses humaines une direction exclusive : cette association des âmes, qui a si fort élevé le niveau de la moralité humaine, réduit l'esprit humain durant six ou sept cents ans à une complète nullité; rappelez-vous ce que furent le VIe, le VIIe, le VIIIe, le IXe, le Xe siècle : un long sommeil durant lequel l'humanité oublia toute la tradition savante de l'antiquité et retomba en pleine barbarie.

Le réveil se fit en France; il se fit à Paris, au moment où Paris a été le plus complétement et le plus légitimement le centre de l'Europe, sous Philippe-Auguste, vers 1200, ou, pour mieux dire, sous Louis le Jeune et Suger, à l'époque d'Abélard. Alors se fonda quelque chose de tout à fait extraordinaire, je veux parler de l'université de Paris, bientôt imitée dans toute l'Europe latine. L'université de Paris, qui commence à paraître vers 1200, est, dis-je, quelque chose de tout à fait nouveau et original. Elle naît de l'Église, elle naît au parvis Notre-Dame, elle reste toujours plus ou moins sous la surveillance souvent jalouse de l'Église, et, à l'époque de la Révolution, les grades de l'université de Paris étaient encore conférés par le chancelier de Notre-Dame. Mais un pouvoir nouveau, qui grandissait alors, le roi de France, la prend sous sa tutelle et la soustrait en grande partie à la juridiction ecclésiastique. Le roi de France, en proclamant l'université de Paris sa Fille aînée, émancipa en réalité l'enseignement, et créa ce grand régime des corporations enseignantes, à demi indépendantes de l'État, possédant de grands biens en dehors de l'État, qui a porté et porte encore en Allemagne et en Angleterre de si bons fruits. La réforme protestante, dans les pays qui l'adoptèrent, acheva l'émancipation des universités et donna à l'école auprès de l'église, et presque à l'égal de l'église, une place qu'elle n'avait pas encore eue jusque-là. Dans les pays catholiques, au contraire, l'importance prise par la compagnie de Jésus amoindrit les universités et donna à l'éducation une direction, selon moi, très-critiquable. Mais arrivons à notre temps et au système qui, à la suite de bien des tâtonnements depuis l'Assemblée nationale de 1789 jusqu'à nos jours, semble s'être établi dans les mœurs, et qu'on peut considérer comme une espèce de charte intervenue, après de longs débats, pour mettre d'accord des prétentions également légitimes.

Ce qui caractérise toutes les œuvres de la révolution française, messieurs, c'est l'exagération de l'idée de l'État. Bien plus entraînés par un puissant enthousiasme que réglés par le sentiment de la réalité, les hommes de ce temps crurent qu'il était possible, dans nos grandes nations modernes, de revenir à l'idée du

Contraste insuffisant

NF Z 43-120-14

citoyen antique, ne vivant que pour l'État. C'était là une noble erreur. Sans doute l'homme moderne a une patrie, et pour cette patrie il saura, s'il le faut, égaler les actes les plus loués de l'héroïsme antique; mais cette patrie ne saurait être un moule étroit, une espèce d'ordre militaire comme Sparte et les républiques de l'antiquité. Nos États modernes sont trop grands pour cela. La patrie est selon nous une libre société que chacun aime parce qu'il y trouve les moyens de développer son individualité, mais qui ne doit être une gêne pour personne. La révolution française ne comprit pas cela suffisamment, ou du moins elle l'oublia, car ses premières vues sur l'éducation furent admirables. Presque tous les cahiers des états généraux (les vrais programmes de la Révolution insistaient à la fois et sur la création d'un système général d'instruction publique, et sur la proclamation de la liberté de l'enseignement. C'était la vérité. On est frappé de ce qu'il y eut, dans ces premiers instincts de la Révolution, de droiture et de justesse. Le plan de M. de Talleyrand, lu aux séances des 10 et 11 septembre 1791 à l'Assemblée constituante, est la plus remarquable théorie de l'instruction publique qu'on ait proposée en notre pays. La part de la liberté y est assez large. Elle l'est déjà moins dans le plan présenté par Condorcet à l'Assemblée législative, le 20 avril 1792. Une sorte de roideur de sectaire, qui sûrement nuit à sa grandeur, commence à faire méconnaître les nécessités de la vie réelle. C'est bien pis à la Convention : Sparte est le rêve universel. L'enfant, selon les idées souvent énoncées vers ce temps, doit être enlevé à sa famille pour être élevé selon les vues de l'État; les parents (les vrais éducateurs, messieurs, ne l'oubliez jamais) sont tenus en suspicion. On était dans un état de fièvre étrange; les idées les plus contradictoires se produisaient. Au milieu de ces rêves, on est heureusement surpris de voir la terrible assemblée proclamer, à un moment, « la liberté de l'enseignement ». Ce mot ne fut qu'un éclair passager. Les plans du Directoire et du Consulat versèrent dans le sens d'un enseignement donné en principe uniquement par l'État. L'enseignement devint d'abord une fonction de l'État, puis l'œuvre d'une corporation totalement dépendante de l'État. L'organisation de l'instruction publique de 1802 et l'Université impériale de 1806 sont fondées sur ce principe. L'éducation de cette époque est toute militaire; chaque école est un régiment divisé en compagnies, avec des sergents et des caporaux ; tout se fait au bruit du tambour ; on veut former des soldats bien plus que des hommes. L'homme intérieur est tout à fait négligé. La part faite à la religion et à la morale est presque nulle. Sûrement, la religion figure au règlement ; elle a ses heures, ses exercices, mais c'est une religion officielle, une religion de régiment, quelque chose comme une messe militaire, où l'on fait l'exercice et où l'on n'entend que le bruit des fusils et du commandement. De la vraie religion et de la vraie morale, de celle qu'on puise dans une tradition de famille, dans les leçons d'une mère, dans les loisirs rêveurs d'une jeunesse libre, il n'y en avait pas une trace. De là ce quelque chose de sec, de brutal et d'étroit qui caractérise ce temps. Les petits séminaires seuls, tolérés, mais strictement limités, offrirent une échappatoire à cette compression ; là put se former l'âme poétique d'un Lamartine ; rappelez-vous le premier moment de colère de ce grand poëte contre « ces hommes géométriques, qui seuls avaient alors la parole, et qui nous écrasaient, nous autres jeunes hommes, sous l'insolente tyrannie de leur triomphe, croyant avoir desséché pour toujours en nous ce qu'ils étaient parvenus en effet à flétrir et à tuer en eux, toute la partie morale, divine, mélodieuse de la pensée humaine. Rien ne peut peindre à ceux qui ne l'ont pas subie, l'orgueilleuse stérilité de cette époque. »

Je ne raconterai pas les luttes qui suivirent et qui sont tout à fait de l'histoire contemporaine. Qu'il suffise de dire qu'une sorte de concordat semble s'être établi entre ceux qui voudraient que l'État seul enseignât et ceux qui voudraient que l'instruction fût livrée entièrement à l'initiative privée. Dans ce nouveau système, messieurs, l'État joue le rôle de zélateur, de principal promoteur des études : il fait pour elles des sacrifices pécuniaires, les villes en font aussi; la société, enfin, s'occupe activement d'un intérêt qu'elle sent bien être majeur pour elle; mais elle ne force personne. Le père assez coupable pour ne pas donner l'éducation à son fils, elle ne le punit pas. Le père qui ne veut pas des écoles de l'État en a d'autres à son choix. Je n'examine pas si dans la pratique, cet idéal est bien réalisé; je ne rechercherai pas surtout si l'État porte dans la direction de l'instruction publique l'esprit libéral et solide qui conviendrait en pareille matière. Je ne m'occupe que du système général. Ce système, je l'adopte pour ma part, comme conciliant assez bien, s'il était loyalement pratiqué, les droits de la famille et les droits de l'État.

Il est clair en effet, messieurs, qu'un système d'éducation analogue à celui de l'antiquité grecque, un système uniforme, obligatoire pour tous, enlevant l'enfant à sa famille, l'assujettissant à une discipline où la conscience du père pourrait être blessée, un tel système, dis-je, est de nos jours absolument impossible. Loin d'être une machine d'éducation, ce serait là une machine d'abrutissement, de sottise et d'ignorance. Les conceptions du temps de la Révolution (si l'on excepte le plan de Talleyrand), et surtout l'Université de Napoléon Ier, furent frappées à cet égard d'un défaut irrémédiable. Lisez le règlement des études de 1802; vous y lisez ce qui suit : « Tout ce qui est relatif aux repas, aux récréations, aux promenades, au sommeil se fera par compagnie... Il y aura dans chaque lycée une bibliothèque de 1,500 volumes; toutes les bibliothèques contiendront les mêmes ouvrages. Aucun autre ouvrage ne pourra y être placé sans l'autorisation du ministre de l'intérieur. »

Voilà ce que M. Thiers appelle « la création la plus belle peut-être du règne de Napoléon ». Nous nous permettons de n'être pas de son avis. Cette uniformité d'éducation, cet esprit officiel serait la mort intellectuelle d'une nation. Non, tel n'est nullement notre idéal. L'État doit maintenir un niveau, non l'imposer. Même sur la question de savoir si l'État doit déclarer obligatoire un certain *minimum* d'enseignement, j'hésite. Qu'il y ait obligation morale pour le père de donner à son fils l'instruction nécessaire, celle qui fait l'homme, cela est trop clair pour être dit. Mais faut-il écrire cette obligation dans la loi, l'y écrire avec une sanction pénale, eh bien, je le répète, j'hésite. Un père, une mère (et ce cas sera fréquent) se chargeront de donner ou faire donner chez eux à leur enfant l'éducation qui leur paraît la meilleure, comment constatera-t-on que cette éducation est l'équivalent de celle qui se donne à l'école primaire? Fera-t-on subir un examen à l'enfant? Cet examen m'inquiète. Qui le fera subir? Sur quoi portera-t-il? Sûrement, si des personnes pratiques m'assuraient qu'une telle législation est nécessaire pour rompre ce poids d'ignorance qui nous écrase, j'y consentirais; mais je ne crois pas qu'il en soit ainsi. Il n'en est pas de même de la gratuité de l'instruction primaire; celle-là est désirable; il faut que le père qui ne donne pas l'instruction à son fils soit inexcusable. Que le blâme du public s'attache à lui, à la bonne heure! mais je ne veux rien de plus. La vraie sanction à cet égard, comme pour toutes les choses d'ordre moral, est de laisser se constituer par la liberté une forte opinion publique qui soit sévère pour tant de méfaits que la loi n'atteindra jamais.

Une distinction capitale, du reste, doit ici être faite, et cette distinction va nous permettre de pénétrer plus profondément dans notre sujet. Entre les parties si diverses dont se compose la culture de l'homme, il en est que l'État peut donner, peut seul bien donner; il en est d'autres pour lesquelles l'État est tout à fait incompétent. La culture morale et intellectuelle de l'homme, en effet, se compose de deux parties bien distinctes : d'une part, l'*instruction*, l'acquisition d'un certain nombre de connaissances positives, diverses selon les vocations et les aptitudes du jeune homme; d'autre part, *l'éducation*, l'éducation, dis-je, également nécessaire à tous, l'éducation qui fait le galant homme, l'honnête homme, l'homme bien élevé. Il est clair que cette seconde partie est la plus importante. Il est permis d'être ignorant en bien des choses, d'être même un ignorant dans le sens absolu du mot; il n'est pas permis d'être un homme sans principes de moralité, un homme mal élevé. Que ces deux éléments fondamentaux de la culture humaine puissent être séparés, hélas ! cela est trop clair. Ne voit-on pas tous les jours des hommes fort savants dénués de distinction, de bonté, parfois d'honnêteté ? Ne voit-on pas, d'un autre côté, des personnes excellentes, délicates, distinguées, livrées à toutes les suggestions de l'ignorance et de l'absurdité? Il est clair que la perfection est de réunir les deux choses. Or, de ces deux choses, il en est une, l'instruction, que l'État seul peut donner d'une façon éminente ; il en est une autre, l'éducation, pour laquelle il ne peut pas grand'chose. Livrez l'instruction à l'initiative et au choix des particuliers, elle sera très-faible. La dignité du professeur ne sera pas assez gardée, l'appréciation de son savoir sera livrée à des jugements arbitraires et superficiels. Livrez, d'un autre côté, l'éducation à l'État, il fera son possible, il n'aboutira qu'à ces grands internats, héritage malheureux des jésuites du XVIIe et du XVIIIe siècle, où l'enfant, séparé de la famille, séquestré du monde et de la société de l'autre sexe, ne peut acquérir ni distinction ni délicatesse. Je l'avoue, autant je maintiens le privilége de l'État sur l'enseignement proprement dit, autant je voudrais voir l'État renoncer à ses internats; la responsabilité y est trop grande; la famille seule peut ici apporter une efficace collaboration. L'éducation, c'est le respect de ce qui est réellement bon, grand et beau ; c'est la politesse, charmante vertu, qui supplée à tant d'autres vertus ; c'est le tact, qui est presque une vertu aussi. Ce n'est pas un professeur qui peut apprendre tout cela.

Cette pureté, cette délicatesse de conscience, base de toute solide moralité, cette fleur de sentiment qui sera un jour le charme de l'homme, cette finesse d'esprit consistant toute en insaisissables nuances, où l'enfant et le jeune homme peuvent-ils l'apprendre? Dans les livres, dans des leçons attentivement écoutées, dans des textes appris par cœur? Oh! nullement, messieurs, ces choses-là s'apprennent dans l'atmosphère où l'on vit, dans le milieu social où l'on est placé ; elles s'apprennent par la vie de famille, non autrement. L'instruction se donne en classe, au lycée, à l'école ; l'éducation se reçoit dans la maison paternelle ; les maîtres, à cet égard, c'est la mère, ce sont les sœurs. Rappelez-vous, messieurs, ce beau récit de Jean Chrysostôme, sur son entrée à l'école du rhéteur Libanius, à Antioche. Libanius avait coutume, quand un élève nouveau se présentait à son école, de le questionner sur son passé, sur ses parents, sur son pays. Jean, interrogé de la sorte, lui raconta que sa mère Anthuse, devenue veuve à vingt ans, n'avait pas voulu se remarier pour se consacrer tout entière à son éducation. « O dieux de la Grèce, s'écria le vieux rhéteur, quelles mères et quelles veuves parmi ces chrétiens ! » Voilà le modèle, messieurs. Oui, la femme profondément sérieuse et morale peut seule guérir les plaies de notre temps, refaire l'éducation de l'homme, ramener le goût du bien et du beau. Il faut pour cela reprendre l'enfant, ne pas le confier à des soins mercenaires, ne se séparer de lui que pendant les heures consacrées à l'enseignement des classes, à aucun âge ne le laisser tout à fait séparé de la société des femmes. Je suis si convaincu de ces principes, que je voudrais voir introduire chez nous un usage qui existe chez d'autres nations, et qui y produit d'excellents résultats : c'est que les écoles des deux sexes soient séparées le plus tard possible, que l'école soit commune aussi longtemps que cela se peut, et que cette école commune soit dirigée par une femme. L'homme, en présence de la femme, a le sentiment de quelque chose de plus faible, de plus délicat, de plus distingué que lui. Cet instinct obscur et profond a été la base de toute civilisation, l'homme puisant dans ce sentiment le désir de se subordonner, de rendre service à l'être plus faible, de lui prouver sa secrète sympathie par des complaisances et des politesses. La société de l'homme et de la femme est ainsi essentiellement éducatrice. L'éducation de l'homme est impossible sans femmes. On dit, je crois, que la séquestration que je combats se fait dans l'intérêt de la morale; je suis persuadé qu'elle est une des causes de ce peu de respect pour la femme qu'on regrette de trouver dans une certaine jeunesse. La jeunesse allemande a sûrement des mœurs plus pures que la nôtre, et cependant son éducation est beaucoup plus libre, bien moins casernée.

« Vous tracez là, me dira-t-on, un idéal impossible. Même dans une grande ville, un tel système d'éducation, avec nos mœurs, serait très-difficile. Dans les petites villes, dans les campagnes, il est impossible; l'internat est la conséquence nécessaire de ce fait que toute famille n'a pas à sa porte un établissement d'instruction où elle puisse envoyer ses enfants. » — Je sais que je trace un idéal que dans beaucoup de cas il sera difficile d'atteindre. Ce que je maintiens seulement, c'est que l'internat doit toujours être un pis aller.

Même dans les cas où la séparation de l'enfant et de sa famille est nécessaire, je voudrais qu'on se passât le plus possible de ce moyen désespéré. L'Allemagne, si avancée pour ce qui touche aux questions d'éducation, n'a presque pas d'internats. Comment s'y prend-on? Si on est obligé de se séparer de son enfant, on le met chez des parents, chez des amis, chez des pasteurs, chez des professeurs réunissant chez eux une dizaine d'élèves. A un âge où nous croyons que l'enfant a besoin d'être surveillé à toute heure, on ne craint pas de le livrer à lui-même, de le charger de se loger, de se nourrir, de se conduire dans une grande ville. Que si nos mœurs ne comportaient pas de tels arrangements, que si la forme nouvelle de Paris se prête en particulier aussi peu que possible à ce que cette ville reste ce qu'elle a toujours été, une ville d'études, je demanderais au moins une chose, c'est que les pensionnats, s'il en faut, ne soient pas tenus par l'État, qu'ils soient des établissements privés placés sous la surveillance des parents et choisis par eux en toute responsabilité.

Responsabilité, mot capital, messieurs, et qui renferme le secret de presque toutes les réformes morales de notre temps. L'excès de précautions, de mesures préventives, paraît de la sagesse ; il n'a qu'un inconvénient, c'est de couper du même coup la racine du bien et du mal. Le tort de nos vieilles habitudes françaises, en fait d'éducation comme en bien d'autres choses, était de chercher à diminuer la responsabilité. Le désir des parents était de trouver une bonne maison à laquelle on pût confier son enfant en toute sûreté de conscience, afin de n'avoir plus à y penser. Eh bien, cela est très-immoral. Rien ne dégage l'homme de ses devoirs, de sa responsabilité devant Dieu. Cette manière de placer l'enfant durant son éducation hors du milieu de la famille est, je le répète, un héritage du système introduit par les jésuites, lesquels ont si souvent égaré les idées de notre pays en fait d'éducation. Quelle fut la tactique des jésuites au XVIe et au XVIIe siècle pour arriver à leur but, qui était d'attirer à eux l'éducation de la jeunesse ? Elle fut bien simple. On s'emparait de l'esprit de la mère, on lui exposait le poids terrible que ferait peser sur elle devant Dieu l'éducation de ses enfants. Puis on lui offrait un moyen fort commode pour échapper à cette responsabilité, c'était de les confier à la Société. On lui expliquait avec toutes les précautions possibles qu'elle n'avait pas compétence pour cela, qu'il fallait se démettre de ce soin sur les docteurs autorisés (erreur énorme! en pareille matière le docteur autorisé, messieurs, c'est la mère). Remis aux meilleurs maîtres, l'enfant ne chargeait plus la conscience de ses parents. Hélas! la mère, trop souvent frivole, écoutait volontiers ce discours; elle-même n'était peut-être pas fâchée de se voir débarrassée de soins austères. Tout le monde, de la sorte, était content; la mère était à la fois tout entière à ses plaisirs et sûre de gagner le ciel; le révérend Père le garantissait. Ainsi fut consommée cette séparation fatale de la mère et de l'enfant; ainsi fut infligée à nos mœurs nationales leur plus cruelle blessure; ainsi furent fondés ces gigantesques colléges dont l'ancien collége Louis-le-Grand (alors appartenant aux jésuites) donna le premier modèle. L'invention fut trouvée admirable; elle était funeste, et nous ne l'avons pas encore expiée. La femme abdiqua sa plus noble tâche, la tâche qu'elle seule peut remplir. La famille, loin d'être tenue pour la base de l'éducation, fut tenue pour un obstacle. On la mit en suspicion; on l'écarta le plus possible, on prémunit l'enfant contre l'influence de ses parents; les jours de sortie furent présentés comme des jours de danger pour lui. L'Université elle-même imita plus qu'elle ne l'aurait dû les internats jésuitiques, et cette organisation à la façon d'un régiment devint le trait fondamental de l'éducation française. Je crois qu'il n'en peut rien sortir de bon. L'église, le monastère, le collége du moyen âge (bien différent de nos lycées), ont à leur manière élevé l'homme, créé un type d'éducation plus ou moins complet. Une seule chose n'a jamais élevé personne, c'est la caserne. Voyez le triste souvenir que gardent souvent nos jeunes gens de ces années qui devaient être les plus heureuses de leur vie. Voyez combien peu rapportent de cette vie d'internat des principes solides de morale et ces instincts profonds qui mettent l'homme en quelque sorte dans l'heureuse incapacité de mal faire. Une règle uniforme ne saurait produire d'individualités distinguées. L'affection du maître et des élèves est, dans de telles combinaisons, presque impossible.

Quel est le maître, en effet, avec lequel l'interne d'un lycée est le plus souvent en rapport? C'est le surveillant, le maître d'étude. Il y a parmi ces maîtres respectables bien des dévouements cachés, d'honorables abnégations. Mais je crains qu'il ne soit toujours impossible à l'État de former un corps de maîtres d'étude qui soit à la hauteur de ses fonctions. Il n'en est pas ainsi pour les professeurs; seul, je l'ai dit, l'État aura un corps de professeurs éminents. Mais pour les maîtres d'étude, c'est tout l'inverse. Condamné à une position subalterne à l'égard des professeurs et de l'administration, le corps des surveillants dans les établissements de l'État, malgré de très-honorables exceptions, laissera toujours à désirer. Or, un pareil corps, presque insignifiant si l'État se borne à son vrai rôle, qui est de donner l'instruction dans des externats, devient le plus important si l'État s'impose la tâche difficile de former l'homme tout entier.

En toute chose, mesdames et messieurs, revenons aux traditions qu'un christianisme éclairé et une saine philosophie sont d'accord pour nous enseigner. Le trait le plus glorieux de la France est qu'elle sait mieux qu'aucune autre nation voir ses défauts et se critiquer elle-même. En cela, nous ressemblons à Athènes, où les gens d'esprit passaient leur temps à médire de leur ville et à vanter les institutions de Sparte. Croyons que nous continuerions mal la brillante et spirituelle société des deux derniers siècles en n'étant que frivoles. C'est mal honorer ses ancêtres que de n'imiter que leurs défauts. Prenons garde de pousser à outrance ce jeu redoutable qui consiste à user sans rémission les forces vives d'un pays, à faire comme les cavaliers arabes qui poussent au galop leur cheval jusqu'au bord du précipice, se croyant toujours maîtres de l'arrêter. — Le monde ne tient debout que par un peu de vertu; dix justes obtiennent souvent la grâce d'une société coupable; plus la conscience de l'humanité se déterminera, plus la vertu sera nécessaire. L'égoïsme, la recherche avide de la richesse et des jouissances ne sauraient rien fonder. Que chacun donc fasse son devoir, messieurs. Chacun à son rang est le gardien d'une tradition qui importe à la continuation de l'œuvre divine ici-bas. Étrange est assurément la situation de l'homme placé entre les dictées impérieuses de la conscience morale et les incertitudes d'une destinée que la Providence a voulu couvrir d'un voile. Écoutons la conscience, croyons-la. Si, ce qu'à Dieu ne plaise! le devoir était un piége tendu devant nous par un génie décevant, il serait beau d'y avoir été trompé. Mais il n'en est rien, et, pour moi, je tiens les vérités de la religion naturelle pour aussi certaines à leur manière que celles du monde réel. Voilà la foi qui sauve, la foi qui nous fait envisager autrement que comme une folle partie de joie les quatre jours que nous passons sur cette terre; la foi qui nous assure que tout n'est pas vain dans les nobles aspirations de notre cœur; la foi qui nous raffermit, et qui, si par moments les nuages s'amoncellent à l'horizon, nous montre, par delà les orages, des champs heureux où l'humanité, séchant ses larmes, se consolera un jour de ses souffrances.

FIN

Clichy. — Imp. Maurice Loignon, et Cie, rue du Bac-d'Asnières, 15.

www.ingramcontent.com/pod-product-compliance
Ingram Content Group UK Ltd.
Pitfield, Milton Keynes, MK11 3LW, UK
UKHW032018260826
14628UKWH00006B/2562

9 782019 682309